1851, 1852!

QUESTION
DE VIE OU DE MORT
POUR
LA RÉPUBLIQUE FRANÇAISE

PAR L. OGER

Les hommes politiques y trouveront des renseignements précieux sur le grand mouvement qui se fait dans les esprits à l'heure qu'il est.

PRIX : 75 CENTIMES

PARIS
CHEZ GARNIER FRÈRES, LIBRAIRES
PALAIS-NATIONAL

1851

I

QUESTION

DE VIE OU DE MORT

POUR

LA RÉPUBLIQUE FRANÇAISE

IMPRIMERIE DE J. CLAYE ET Ce, RUE SAINT-BENOIT, 7

1851, 1852!

QUESTION
DE VIE OU DE MORT

POUR

LA RÉPUBLIQUE FRANÇAISE

PAR L. OGER

Les hommes politiques y trouveront des renseignements précieux sur le grand mouvement qui se fait dans les esprits à l'heure qu'il est.

PARIS
CHEZ GARNIER FRÈRES, LIBRAIRES
PALAIS-NATIONAL

1851

QUESTION
DE VIE OU DE MORT
POUR
LA RÉPUBLIQUE FRANÇAISE

Le grand tort de la République, c'est de n'avoir pas produit, à son origine, un homme de génie pour la diriger, d'une main ferme et habile, vers les hautes destinées auxquelles elle était appelée.

Si un homme se fût rencontré, qui, au coup d'œil prompt et sûr de l'homme d'État, eût joint une connaissance exacte des besoins de l'industrie agricole, j'ai la conviction profonde, qu'avec la dictature pour arme, il aurait pu fonder la République sur des bases solides et durables, au moyen de quelques mesures politiques, décrétées en faveur de l'agriculture.

C'est pour expliquer cette vérité incontestable, en montrant à tous les esprits l'influence considérable qu'exerce la classe agricole sur les populations rurales de tous nos départements de grande culture; c'est pour expliquer les fautes politiques commises depuis 1848, parce que l'on n'a point tenu compte de cette influence; et c'est pour empêcher, à l'avenir, le retour de ces fautes, que l'auteur publie cet ouvrage, que devront lire tous les hommes politiques sérieux et réfléchis.

Ils y trouveront des renseignements précieux sur le mouvement des esprits dans nos provinces agricoles, et sur les causes qui peuvent accélérer ce mouvement, ou lui donner une impulsion tout à fait contraire.

L'auteur a eu sa part d'influence dans les élections qui ont eu lieu depuis 1848, et, en sa qualité d'agriculteur, il peut dire avec pleine et entière connaissance des faits, et avec conviction, que tout gouvernement, issu du suffrage universel, qui mécontentera la classe agricole, sera un gouvernement précaire et de courte durée.

Il espère faire partager cette conviction par tous les esprits impartiaux, et comme il n'est lié à aucun parti, quoiqu'il ait pourtant ses convictions politiques et son drapeau, toutes ses appréciations seront sincères et parfaitement désintéressées.

Quand il aura traité à fond cette question des élections, et raconté la manière dont elles se font dans nos villages, et les influences qui les dirigent, il abordera d'autres questions, qui sont du domaine de la haute politique, et il le fera avec cette modération que lui inspire la dignité de son drapeau, qui est le drapeau de 1789.

Il dira les causes qui doivent amener fatalement, en 1852, la ruine de nos institutions politiques, si les diverses fractions du parti républicain qui siégent à l'Assemblée législative ne font pas taire bientôt leurs passions. Il dira ce que l'Assemblée elle-même devra faire pour éloigner la restauration de la légitimité, et ce que le peuple pourra faire, à défaut de l'Assemblée nationale, quand il sera réuni dans ses comices électoraux, en mai 1852.

INFLUENCE

DES AGRICULTEURS

DANS LES ÉLECTIONS.

Lors de la chute de Charles X, et depuis, plusieurs écrivains se sont étonnés que les paysans, qui avaient reçu le roi, quelques mois auparavant, avec tant d'enthousiasme, quand il parcourait certaines contrées de la France, aient vu tomber cette royauté sans manifester de regrets. Ils ont attribué cette profonde indifférence, qu'on a remarquée dans presque tous les départements agricoles, à la périodicité de nos révolutions depuis soixante ans, périodicité qui a affaibli, disent-ils, le prestige de l'autorité dans notre pays.

Cela peut être vrai, jusqu'à un certain point; mais il y a une autre cause qu'ils n'ont pas indiquée; le principal motif de cette indifférence, c'est que les agriculteurs étaient irrités de la prépondérance toujours croissante du clergé dans les affaires de leurs communes, voire même dans les affaires privées, pendant les dernières années du règne de Charles X.

Menacés dans leur liberté de citoyen et dans leurs intérêts, par les fameuses ordonnances de juillet, ils rallièrent tout aussitôt les masses à la politique de Louis-Philippe, qui sauvegardait leur liberté et leurs intérêts, et qui de plus fit tous ses efforts pour annuler l'influence du clergé dans les affaires publiques et privées.

Ce prince donna ainsi satisfaction à la classe agricole, qui fut, pendant dix-huit années, et de concert avec la bourgeoisie, la force et la base de son autorité.

C'est à cette époque que nous commençons à voir l'influence des agriculteurs sur la marche des affaires de l'État, et je crois fermement que si Louis-Philippe eût fait droit aux justes demandes du parti de la réforme, qui voulait abaisser le cens électoral, et qui demandait une Chambre des pairs élective ; je crois, dis-je, qu'il aurait conservé son trône, et qu'il aurait pu fonder sa dynastie. Les petits propriétaires et les petits fermiers seraient devenus les plus fermes soutiens de cette dynastie. Le refus obstiné du roi fut donc une grande faute politique, qui blessa profondément ces hommes ; aussi, quand la monarchie de 1830 s'écroula, ils rallièrent au gouvernement républicain la population tout entière de nos campagnes.

En effet, pour tous ceux qui se souviennent, à quelque parti qu'ils appartiennent maintenant, il a été manifestement démontré, que si la République eût été mise aux voix, peu de jours après le 24 février, elle aurait obtenu, dans tous les départements, une majorité considérable et parfaitement sincère.

Je dirai plus, je suis convaincu que les élections parlementaires, pour la nomination de l'Assemblée constituante, auraient produit de bons éléments républicains, si elles n'avaient pas été reculées de quinze jours.

Pourquoi donc le peuple est-il devenu réactionnaire en si peu de jours, et a-t-il envoyé au gouvernement provisoire des hommes si peu républicains?

Pourquoi, quand tous les hommes influents s'efforçaient, dans nos villages, de faire nommer des candidats républicains, en proclamant bien haut que la république était la seule forme de gouvernement désormais possible en France; pourquoi, dis-je, quelques jours plus tard, les électeurs ont-ils nommé des hommes qui leur étaient signalés par les commissaires de Ledru-Rollin comme des légitimistes et comme des orléanistes?

Est-ce qu'ils auraient pris, par mégarde, la couleur blanche pour la couleur bleue? Non pas, que je sache. Le peuple savait fort bien ce qu'il faisait, le 16 avril, le 10 décembre et le 13 mai, car le peuple est conséquent dans ses actes.

Tout le monde sait pourquoi ce grand changement s'opéra d'une manière si brusque et si inattendue.

L'impôt des 45 centimes et quelques mesures maladroites du gouvernement provisoire, et de plus, la menace permanente de l'impôt progressif, en furent la cause.

C'est que, pour fonder un gouvernement républicain sur des bases solides, il faut d'abord s'appuyer sur les mœurs du pays, qu'on ne doit pas violenter; il faut faire appel aux sentiments vertueux du peuple, et il faut flatter habilement ses instincts généreux, pour les exalter au profit de la chose publique, au lieu de le blesser dans sa fierté et de le froisser dans ses intérêts.

Quand ce malheureux impôt des 45 centimes fut décrété, le gouvernement provisoire aurait demandé au pays tous ses hommes valides pour la défense de la République, que le pays les lui eût donnés sans sourciller; mais il lui demandait ses écus; le sacrifice était trop pénible. Aussi les contribuables répondirent-ils à cette demande d'argent en choisissant pour constituants et pour avocats, des possesseurs d'écus, afin de défendre à la tribune leurs intérêts gravement atteints, et des généraux pour les défendre au besoin dans la rue : ils pressentaient déjà les journées de mai et de juin!

Quelques jours avant l'élection, le gouvernement provisoire, n'osant prendre lui-même l'initiative de l'établissement de l'impôt progressif, fit entendre, dans ses journaux et par ses amis, qu'il comptait sur la Constituante pour l'adoption de cette mesure financière. Les propriétaires se liguèrent aussitôt pour la défense de leurs intérêts menacés, et ils employèrent toute leur énergie, tout ce qu'ils avaient d'influence sur les électeurs, pour faire tomber leur choix sur de grands propriétaires, qui pussent soutenir leur cause en soutenant la leur. C'était faire preuve de raison et de logique.

Voilà sous quels auspices la Constituante sortit de l'urne électorale le 16 avril; voilà ce qui explique l'empressement des populations rurales qui, ayant maire et curé à leur tête, vinrent déposer leurs bulletins de vote au chef-lieu de canton, en colonnes serrées et compactes.

Les électeurs venaient ainsi protester contre l'impôt des 45 centimes et contre la menace de l'impôt progressif, en nommant des constituants qui n'avaient de républicain que le nom dont ils s'étaient décorés; car j'ai toujours eu cette conviction intime que si la Constituante eût été une assemblée franchement républicaine, elle se serait appliquée tout de suite à doter la classe agricole d'une bonne loi de crédit foncier et de banques à l'instar de celles qu'on voit fonctionner en Écosse depuis de longues années; elle se serait appliquée à faire aimer la République au lieu de la faire détester, et elle nous aurait donné une Constitution calquée sur nos mœurs, au lieu d'en faire un réseau d'inextricables difficultés qui nous enserrent dans un cercle de fer, dont nous ne pourrons sortir qu'en le brisant. Tel fut le résultat des fautes commises par le gouvernement provisoire.

Je vais expliquer à présent comment s'exerce l'influence de la classe agricole dans les élections, et on comprendra aussitôt que les élections des 16 avril, 10 décembre et 13 mai ne pouvaient pas donner d'autres résultats politiques que ceux qu'elles ont produits.

Dans nos villages, tous les artisans sont en rapport d'intérêts avec les propriétaires du sol et les cultivateurs ou métayers du pays. En effet, une grande partie de l'année les artisans sont occupés par eux aux travaux propres à leur industrie particulière.

Quand les cultivateurs font leurs affaires, ces artisans sont certains de voir l'ouvrage et l'aisance arriver chez eux de compagnie. Or, à l'approche des élections, ils viennent prendre conseil des agriculteurs. Si l'on considère que la prospérité de ces derniers fait leur bien-être, et que la gêne des cultivateurs amènera chez eux la souffrance ou la misère, il n'y a assurément rien d'étonnant dans leur démarche ; elle est, au contraire, parfaitement rationnelle.

Eh bien ! le conseil donné, sous le manteau de la cheminée, par les hommes prudents, ou sur la voie publique, par ceux qui sont moins timides, est suivi religieusement, non-seulement par ces artisans, mais encore par leurs amis et par tous les ouvriers sur lesquels ils ont l'influence que donnent le bon sens et la raison dans les rapports journaliers qu'ils ont ensemble,

Ce que nous avons vu, pour les élections auxquelles nous avons assisté depuis trois ans, se renouvellera à chaque élection, soit des représentants du peuple, soit du président de la République, soit des conseillers généraux des départements.

Que le pouvoir ne perde jamais de vue cette grande vérité politique. Et si, dans nos départements agricoles, un grand nombre de cultivateurs ou d'artisans sont abonnés aux journaux républicains de la capitale ou des départements, voire même aux journaux socialistes, qu'il ne se laisse pas égarer dans l'interprétation qu'il pourra faire de cette conduite politique. C'est de la prudence, et il en faut plus au village qu'à la ville; c'est cette prudence qui a mis en défaut la perspicacité de M. Dufaure, quand il était ministre de l'intérieur, lors de l'élection du 10 décembre.

Quand, à la suite d'une révolution comme celle de 1848, les intérêts se trouvent menacés continuellement et peuvent être gravement compromis par un revirement de politique brusquement exécuté, les journaux de telle ou telle nuance n'ont plus et ne peuvent plus avoir la même influence sur les actions des hommes dans ces temps de troubles, que dans les temps calmes. Les électeurs consultent leurs intérêts plutôt que leurs journaux, et, l'instinct de la conservation aidant, ils sont amenés, par la force des circonstances, à modifier leurs opinions. Cela est triste à dire, mais cela est, et je crois qu'il en sera toujours ainsi maintenant, parce que nous ne sommes pas des Spartiates, et que l'intérêt est le premier mobile de toutes les actions des hommes.

Je disais donc que ce qui s'est passé aux élections dernières se renouvellera à chaque élection; je dis plus, je suis convaincu que l'influence de la classe agricole a été doublée, depuis les élections générales, par le fait de la loi Fouquier-d'Hérouël et de la nouvelle loi électorale du 31 mai 1850.

En effet, la loi Fouquier-d'Hérouël, en établissant une urne électorale dans les communes rurales dont la population s'élève à cinq cents habitants, a conservé aux agriculteurs une influence qui recevait souvent une grave atteinte quand l'élection avait lieu au chef-lieu de canton, et elle donne toute facilité aux vieillards, qui sont des électeurs dociles, pour exercer leurs droits électoraux.

Je ne parlerai pas des conséquences de la loi du 31 mai : depuis son application, on a déjà pu en constater les effets et s'en faire une idée exacte. Ces conséquences sont l'annihilation complète de l'influence des villes dans les élections au profit des communes rurales, qui restent maîtresses du terrain. On peut donc dire, avec raison, qu'aujourd'hui plus que jamais la classe agricole est l'arbitre des destinées du pays, et qu'un gouvernement issu du suffrage universel ne pourra jamais exister sans son appui.

Ce nouveau pouvoir, que je pourrais appeler le troisième pouvoir de l'État, si j'avais un nom à lui donner. étant bien reconnu de mes lecteurs, ils comprendront facilement les fautes commises par la Constituante et par quelques-uns de ses membres; fautes qui amenèrent et qui devaient amener la défaite de la démocratie aux dernières élections générales.

Voyons maintenant les causes qui portèrent au pouvoir, en qualité de premier magistrat de la République, le prince Louis-Napoléon, lors des élections du 10 décembre 1848.

L'Assemblée constituante n'avait pris aucune mesure protectrice pour concilier l'appui de la classe agricole au gouvernement républicain. Les souffrances de la population des campagnes étaient intolérables : les fermiers ne pouvaient se débarrasser de leurs produits à aucun prix. Ils crurent que l'élection du prince ramènerait la confiance, qui suit ordinairement et accompagne toujours un gouvernement fort. Le plus grand nombre d'entre eux aidèrent le mouvement populaire qui porta Louis-Napoléon à la présidence, et ceux qui ne partageaient pas les mêmes espérances ne firent rien pour l'empêcher.

Dans ma pensée, l'élection du 10 décembre a toujours été le corollaire à l'élection du 16 avril. Si le général Cavaignac avait bien compris le sens de l'élection du 16 avril, il aurait, immédiatement après les journées de juin, prorogé indéfiniment l'Assemblée constituante, qui eût laissé à ses côtés pour le remplacer, en cas de décès, une commission de permanence de vingt-cinq de ses membres, et il se serait emparé hardiment de la dictature. En respectant la tribune, dans ces temps d'agitation et de fièvre, qui suivent toujours les révolutions radicales, c'était commettre une grande faute politique, car c'était vouloir perpétuer la fièvre et l'agitation de ce pays, qui ne demande que tranquillité et repos. C'est pour avoir ce repos que la France entière a choisi le prince Louis-Napoléon : elle a cru que son nom, signifiant force, aurait la puissance de dompter les factions et de les réduire à l'impuissance ; aussi, la plupart des électeurs le considéraient-ils plutôt comme fils de roi que comme un républicain sérieux, et ils croyaient qu'il ne prêterait pas serment à une Constitution dont ils ne voulaient pas eux-mêmes ; qu'il s'emparerait de la dictature, et qu'il n'appellerait une Assemblée constituante que lorsque la paix aurait été assurée à notre malheureux pays.

Je me rappelle, à ce sujet, un incident dont je fus témoin, et qui prouve la vérité de cette appréciation, quand je dis que le peuple ne voulait pas de la Constitution qui nous régit.

Lorsque les maires des communes rurales en firent la lecture au peuple, assemblé extraordinairement à cet effet, je me trouvais alors dans un village fort populeux de la Champagne, et j'assistai à cette lecture. Quand elle fut terminée, savez-vous comment on l'accueillit? le peuple serré et compacte s'écria, d'une voix unanime : Vive Louis-Napoléon! ce qui, pour eux, ne voulait pas dire : Vive la Constitution! puisqu'ils savaient qu'elle lui était hostile dans un de ses articles.

Je pourrais citer encore un grand nombre de faits

pareils à celui-ci, et qui se passèrent dans plusieurs départements agricoles. La Constitution fut reçue partout avec une extrême froideur, tandis que déjà le nom du prince était sur toutes les lèvres.

Je vais dire maintenant sous quelle influence fâcheuse eurent lieu les élections parlementaires du 13 mai 1849.

L'Assemblée constituante, qui s'était attiré, à bon droit, le mépris du pays par son inintelligence de ses besoins, crut pouvoir renaître de ses cendres, et racheter ses fautes, aux yeux des électeurs, en abolissant l'impôt du sel et l'impôt des boissons, et en donnant un supplément de traitement aux desservants des communes rurales et aux instituteurs primaires. Elle crut se faire ainsi des partisans nombreux et dévoués parmi les cabaretiers et leur clientèle et dans les rangs des instituteurs, et elle tua, par ces mesures maladroites, la candidature de presque tous les représentants républicains qui appartenaient aux départements agricoles.

Une autre faute politique, dont les résultats devaient être la défaite assurée des candidats républicains, fut commise par les représentants de l'extrême gauche, qui publièrent un manifeste électoral qui devait, inévitablement, les faire échouer dans ces mêmes départements.

J'ai compris parfaitement que le gouvernement provisoire se fût trompé dans l'application de plusieurs de ses mesures politiques. Il était alors sous la pression des clubs de la capitale, qui ne lui laissaient guère le temps de la réflexion; mais ce que je ne pouvais comprendre, après tant d'exemples si éclatants qui devaient pourtant les éclairer, c'est que des représentants, appartenant aux contrées agricoles, eussent voté ces mesures impolitiques qui leur aliénaient et qui devaient leur aliéner l'esprit de la classe agricole tout entière.

Je n'ai jamais bien compris, non plus, pourquoi les chefs de la Montagne se sont ainsi fourvoyés en publiant un tel manifeste électoral.

En promettant au peuple, comme ils le faisaient, l'abolition des impôts indirects, c'était tirer à boulets rouges sur les propriétaires et sur tous les agriculteurs, qui craignirent de voir tripler les impôts directs si les montagnards arrivaient en majorité à l'Assemblée législative.

Ils firent tous leurs efforts pour les faire échouer; quoi de plus simple?

Les intérêts se raidissent quand on les menace.

Ainsi, pour les cabaretiers, les vignerons, et quelques consommateurs de tabac, qu'ils gagnèrent à leur cause, les démocrates compromirent la démocratie auprès de tous les autres électeurs, beaucoup plus nombreux dans les contrées agricoles.

En supposant que certaines mesures soient bonnes à prendre dans l'intérêt des masses, il faut savoir attendre l'heure utile pour les faire goûter et adopter.

Quand on est un grand parti politique, ondoit toujours savoir msurer la portée politique de ses actes, et on ne doit jamais rien accorder au hasard.

Je crois que toutes ces fautes ont été commises, parce que l'on n'a pas assez compté avec la résistance que pourrait opposer la classe agricole.

Peut-être aussi a-t-on été aveuglé par le succès qu'on était sûr d'obtenir dans les départements vinicoles. En effet, dans ces départements, où l'influence des agriculteurs est remplacée par l'influence des instituteurs, et dans quelques autres départements encore, où règnent en maîtresses souveraines la misère, l'ignorance et l'envie, les instituteurs, par reconnaissance ou par conviction, ont sauvé les candidats républicains de la défaite en leur prêtant le secours de leur influence sur les électeurs de la campagne.

Quoi qu'il en soit, la chute a été grande, et la défaite douloureuse pour la démocratie.

Prenez garde qu'en 1852 cette défaite ne soit irréparable et décisive.

Car, si la réaction sortie de ce malheureux impôt des 45 centimes a blessé à mort la République le 16 avril 1848, en lui donnant des constituants remarquables par leur inintelligence politique;

Si la réaction, produite par le manifeste de la Montagne et par l'abolition de l'impôt des boissons, n'en fit qu'un cadavre, aux dernières élections générales du 13 mai, en lui laissant seulement son nom;

Les électeurs de 1852 lui enlèveront ce nom, quoi que vous fassiez, si vous ne savez pas faire à la patrie le sacrifice de vos passions et de vos haines.

POURQUOI ET COMMENT

LA RÉPUBLIQUE PÉRIRA.

Êtes-vous fou, vont me crier tous les représentants du peuple qui siègent dans l'Assemblée nationale, au côté gauche et à l'extrême gauche?

Qui osera donc porter sur la République une main sacrilége?

La République n'est-elle pas au-dessus du suffrage universel lui-même?

Pourquoi le pays repousserait-il cette forme de gouvernement, quand il jouit d'une tranquillité parfaite, et quand la prospérité de son commerce est telle, qu'elle est sans exemple dans les annales de la monarchie de Louis-Philippe?

Le pays voudrait-il courir les chances d'une guerre civile, qui lui ferait perdre en un jour tous ces avantages, pour ne lui laisser en retour que sang et que ruines? Eh bien! oui, le pays courra ces chances.

Non-seulement je le crains, mais encore, à la vue des symptômes que j'ai remarqués parmi les artisans et chez les petits cultivateurs de nos campagnes, j'en suis très-convaincu.

Cette grande prospérité du commerce que vous vantez tant, et dont vous êtes fiers, est elle-même la plus grande preuve que je puisse fournir à l'appui de mes prévisions.

Tous les hommes de quelque valeur savent fort bien que lorsque le commerce s'enrichit, c'est ordinairement l'agriculture aux abois qui fait les frais de cette prospérité.

Je vais tâcher de m'expliquer clairement afin de me faire bien comprendre. Quand le cultivateur livre au commerce ses denrées à vil prix, comme aujourd'hui, il ne paie pas moins cher les ouvriers qu'il emploie à la journée, que lorsqu'elles atteignent un prix plus élevé. Le salaire est invariable, parce que la prudence la plus vulgaire le veut ainsi. Or, si tous ces ouvriers, et en général tous les ouvriers employés dans les ateliers industriels ou manufacturiers, peuvent acheter à bas prix tous les objets nécessaires à la vie, il est évident qu'ils pourront prélever chaque jour sur leur salaire, une certaine somme d'argent avec laquelle ils achèteront, à la fin de chaque mois, les articles de commerce dont ils pourront avoir besoin.

De là, un mouvement considérable dans les affaires commerciales du pays, produit par un plus grand nombre de demandes.

Mais si quelques ouvriers des champs, qu'on appelle

ouvriers de journée, sont favorisés quand le blé est à bas prix, la plupart des autres ouvriers souffrent en proportion autant que les petits cultivateurs : ces ouvriers sont des valets de ferme et de charrue, des bergers, des moissonneurs, des batteurs en grange, des charrons et des maréchaux, qui travaillent en tâche ou qui sont loués pour l'année, moyennant certaine quantité d'hectolitres de blé convenue entre le maître et l'ouvrier.

Que le prix du blé soit élevé ou bas, la quantité d'hectolitres est à peu près la même : cet usage existe dans un grand nombre de localités. On voit tout de suite ce qui arrive de cette coutume : il arrive que le surplus du blé qui n'est pas consommé par la famille de l'ouvrier, et dont la valeur est destinée à l'entretien de tous ses membres, est livré à la vente : c'est alors qu'il ressent comme le cultivateur le contre-coup qui frappe ce dernier, et il subit une grande dépréciation sur le produit en nature de son travail de toute l'année, ou de la moitié de l'année.

Il arrive encore que les petits cultivateurs qui ont affermé dans les dernières années du règne de Louis-Philippe, à un prix excessif, ne peuvent, faute d'argent et de crédit, faire dans leur exploitation les travaux commandés par la science ou par l'urgence : travaux qui occuperaient les bras de nombreux ouvriers.

C'est donc une grande partie de la population agricole qui se trouve gênée, quand les denrées descendent à un cours excessivement bas.

Eh bien, c'est cette population rurale, qui, attribuant à la forme du gouvernement actuel ses souffrances, sa misère et ses alarmes pour l'avenir, viendra en 1852, lasse de souffrir et perdant patience, déposer ses plaintes dans l'urne électorale, qui répondra en faveur de la légitimité.

La bourgeoisie et les gros fermiers qui, avec le retour de la monarchie, craignent le retour de l'influence du clergé, dont ils se rappellent les exigences dans les dernières années du règne de Charles X, s'opposeront énergiquement à ce grand mouvement de l'opinion; mais ils seront très-probablement impuissants pour l'arrêter.

Si, en 1852, les élections sont telles que semble l'indiquer aujourd'hui le mouvement des esprits, si les artisans, qui sont presque tous des bonapartistes convaincus, ne l'emportent pas auprès des ouvriers sur l'influence de la classe agricole; si des éventualités qu'on ne peut prévoir aujourd'hui ne viennent pas détourner ce grand courant de l'opinion, on peut, sans être prophète, deviner les conséquences forcées de cette élection parlementaire.

Le premier soin de la nouvelle Assemblée nationale sera de se former en Convention; elle choisira dans son sein des commissions, dites de salut public, qui seront chargées d'épurer l'armée et toutes les administrations civiles; elle établira, dans chaque département, des cours prévôtales qui auront la mission de surveiller de très-près les menées des bonapartistes et des républicains de toutes nuances. On ne reculera pas devant l'arbitraire et la violence : le grand mot de salut public n'est-il pas l'excuse de la violence, aux yeux de tous les partis? Lorsqu'on aura ainsi bâillonné le pays, on couronnera l'œuvre en rappelant dans le palais de ses ancêtres M. le comte de Chambord.

COMMENT ON POURRAIT SAUVER

LA RÉPUBLIQUE.

Cet aperçu politique que l'auteur vient de faire n'est nullement exagéré; il est rigoureusement vrai, et le passé, au surplus, avec ses fautes, nous pousse fatalement vers cet avenir prochain. Il n'apprend rien, non plus, à personne, en disant que la République n'existe que de nom.

Aucuns s'en prennent au pouvoir exécutif, qui a remplacé dans les fonctions publiques les républicains sincères par des hommes qu'ils appellent les hommes de la réaction.

L'auteur pense, et avec raison, qu'on ne doit s'en prendre qu'au peuple.

N'est-ce pas, en effet, la souveraineté nationale qui a placé à côté du pouvoir exécutif, dont la Constitution lie les mains, l'Assemblée législative actuelle?

Le président de la République n'est-il pas obligé de promulguer toutes les lois que dicte cette Assemblée?

N'est-il pas obligé, à moins qu'il ne veuille paralyser les affaires commerciales et porter un coup mortel au crédit du pays, de choisir ses ministres parmi les membres de la majorité législative?

Il faut donc, de nécessité absolue, que sa politique s'inspire toujours de la politique de l'Assemblée nationale pour conserver l'harmonie des pouvoirs.

Cette conduite du chef de l'État est sage, elle est prudente et de plus elle est parfaitement constitutionnelle; aussi le peuple raisonnable et sensé l'apprécie parfaitement et en tient note.

Les artisans de nos villes et de nos villages connaissent bien toutes les difficultés de la situation et les entraves qu'apporte la Constitution au bon vouloir du président de la République, et avec le bon sens politique qu'on leur connaît, ils savent lui rendre la justice qui lui est due.

Ils savent que ce n'est que de leurs mandataires seulement qu'ils doivent attendre les améliorations qu'ils réclament depuis longtemps.

Ils savent que c'est l'Assemblée qui a ordonné l'expédition de Rome et qui a décapité le suffrage universel par la loi électorale du 31 mai. Ils savent également qu'il y a à l'Élysée une politique très-prévoyante et fort habile, ce qui les rassure complétement contre les éventualités menaçantes de 1852.

En effet, ils ont remarqué la lettre du président de la République, adressée à Edgar Ney, au sujet de l'expédition de Rome; ils ont remarqué le message du 31 octobre et les termes dans lesquels il est conçu;

ils ont remarqué l'hésitation que l'on a mise à promulguer la loi électorale du 31 mai ; ils ont remarqué aussi la coïncidence de l'amnistie accordée aux insurgés de juin avec l'insulte que les journaux légitimistes n'ont pas craint de jeter à la face du président de la République en lui offrant je ne sais quel marché honteux sous le nom de transactions finales.

Ils pensent, et les agriculteurs le pensent avec eux, que l'Assemblée législative aurait pu donner plus tôt à l'industrie agricole une bonne loi de crédit foncier et quelques autres lois dont l'efficacité se ferait déjà sentir aujourd'hui auprès des artisans et des populations ouvrières de la campagne. Ils pensent que ces lois se font trop attendre.

C'est ce que pense aussi l'auteur de cette brochure, qui croit que ces lois arriveront trop tard, qu'elles n'auront pas le temps d'être appréciées selon leur mérite par les populations agricoles et qu'elles ne pèseront pas beaucoup en faveur de nos institutions républicaines dans la balance électorale de 1852.

Il croit que, pour sauver ces institutions politiques, sérieusement menacées, il faut se mettre à l'œuvre immédiatement et faire luire à tous les esprits cette vérité incontestable que la Constitution actuelle, si elle n'est pas révisée en 1851, peut en 1852 précipiter la civilisation dans le gouffre de la guerre civile, qui nous apportera en échange le despotisme théocratique ou la dictature militaire pour de longues années.

A l'œuvre donc ! et que tous les patriotes demandent à grands cris à nos législateurs la révision de cette Constitution !

Que d'efforts incessants il nous faudra faire pour obtenir ce résultat si désiré !

En effet, lorsque je jette un coup d'œil sur les divers éléments qui composent l'Assemblée nationale, j'éprouve un sentiment de tristesse profonde en pensant que les passions politiques qui l'agitent peuvent prolonger jusqu'en 1852 l'état de marasme qui tue l'industrie agricole ; je crains qu'ils ne puissent s'entendre et que cette révision ne soit pas votée, parce que le chiffre des votants (500) exigé par l'article 111 de la Constitution ne sera pas atteint à cause des abstentions fort nombreuses qui auront lieu, ou bien parce que les trois quarts des suffrages exprimés ne se rencontreront pas dans l'urne pour la manifestation de ce vœu.

Je vois dans l'Assemblée nationale un grand parti connu de tous sous le nom de parti de l'ordre, ou plutôt de parti conservateur. Ce parti est composé de plusieurs légitimistes, libéraux sans qu'ils s'en doutent et croyant de bonne foi que la souveraineté royale peut marcher de front avec la souveraineté nationale, qui l'aurait reconnue et consentie. Ils sont partisans du droit national et ils voteront en faveur de la révision de la Constitution, parce qu'ils savent que le peuple la désire et la veut.

Le parti de l'ordre compte aussi dans son sein un

grand nombre de représentants qu'on décore du nom d'orléanistes, de bonapartistes et d'hommes du tiers-parti, et que j'appellerai avec plus de raison les défenseurs des grands principes de 1789.

Car ces hommes n'ont qu'un seul et même drapeau, qui est le drapeau de la liberté.

Qu'importe, pour eux, le nom de l'homme qui le tient au faîte du pouvoir, s'il le tient d'une main ferme; qu'importe, pour eux, le nom du gouvernement, si ce gouvernement protége la liberté et la jouissance assurée de tous les biens qui en découlent. Au milieu des regrettables dissidences qui les divisent, je ne doute pas, et je n'ai jamais douté un seul instant, qu'après avoir apprécié la gravité de notre situation, ils ne votent tous la révision de la Constitution.

Ils ont assez de patriotisme dans le cœur pour faire au salut du drapeau commun le sacrifice de leurs sympathies ou de leurs répugnances particulières [1].

A côté du tiers-parti, et siégeant sur les mêmes bancs, il y a dans l'Assemblée législative une fraction du grand parti républicain, que j'appellerai les républicains avancés. Le vote de ces représentants sera d'un grand poids dans l'urne; on peut dire avec raison que ce vote sera décisif pour ou contre la proposition.

1. Le drapeau des conservateurs, étant le drapeau de l'auteur, il croit ne pas se tromper en leur prêtant des idées et des sentiments politiques conformes aux siens.

Si les cultivateurs éclairés pouvaient avoir quelque influence sur leur esprit ou sur leurs cœurs, ils leur diraient : Vous voyez les grands dangers qui menacent nos institutions politiques ; vous pouvez encore les sauver en votant la révision d'une Constitution dont l'expérience a démontré les défauts ; soyez convaincus que tous les électeurs des départements agricoles vous en sauront gré, et vous en tiendront compte lors de l'élection d'une nouvelle Assemblée constituante. Nous ne sacrifierons pas nos principes à nos intérêts personnels, cependant nous tenons à honneur de faire nos affaires. Nous voulons donc fermement le maintien de la République, parce que l'expérience nous a appris que les changements de gouvernement nous coûtent trop cher. Nous sommes donc républicains par raison et sans entraînement ; mais nous voulons une République dont le gouvernement soit sage et stable ; dont le gouvernement nous donne le temps et les moyens de faire marner nos terres, creuser des fossés d'assainissement et des rigoles d'irrigation, de faire des plantations utiles, d'augmenter le nombre de nos bestiaux, pour augmenter la masse de nos engrais, et de construire les bâtiments qui nous manquent.

Nous voulons un gouvernement qui nous donne la sécurité dans le présent et la confiance dans l'avenir ; nous voulons enfin qu'il nous ramène la spéculation qui achètera nos grains, nos laines, et les bestiaux que nous destinons au commerce, et nous sommes profondément convaincus que la révision de la Constitution nous donnera tous ces biens à la fois, en ranimant notre confiance et notre courage. Nous voyons bien ce que vous redoutez de la part de la nouvelle Assemblée constituante; vous craignez qu'elle ne prononce la rééligibilité de la présidence; et quand ces craintes que vous avez seraient fondées, où donc est le mal, s'il vous plaît? C'est justement la trop courte durée du pouvoir exécutif qui nous tue, nous autres cultivateurs, qui avons un si grand besoin de la stabilité. Qu'importe à la République que le pouvoir exécutif demeure dans les mêmes mains, quatre ans de plus ou quatre ans de moins? N'y gagnera-t-elle pas au contraire notre appui et celui des populations agricoles, qui ne furent réactionnaires que parce qu'elles souffrirent dans leurs intérêts gravement, atteints et compromis par des mesures dont j'ai démontre plus haut l'inopportunité et la maladresse.

Puisque nous vous donnons le temps de réparer ces fautes, acceptez donc aujourd'hui notre appui, de peur que demain il ne soit trop tard. Faites que la République ait raison aux yeux du plus grand nombre, en lui donnant les formes que nos mœurs vous demandent, et elle aura toujours raison! N'est-ce pas la science qui fait progresser tous les peuples? n'est-ce pas la science qui est le plus ferme soutien de la République? Donnez donc le temps à la science, si vous voulez que la République devienne impérissable?

Nous savons encore que le nom de Louis-Napoléon vous porte ombrage et que vous verriez à regret la prolongation de ses pouvoirs présidentiels pendant quatre autres années. Vous craignez que cette prorogation ne lui donne le temps de préparer une usurpation? Eh, mon Dieu! si Louis-Napoléon avait voulu restaurer l'empire, sont-ce les occasions et les hommes qui lui ont manqué? Ne vous souvenez-vous déjà plus? Pensez-vous sérieusement qu'un coup d'État heureux ne lui serait pas possible encore, s'il voulait le faire? Avec les grands moyens qui sont à sa disposition, la centralisation et l'armée, aurait-il besoin de plusieurs années? Vous ne le croyez pas, assurément, et vous savez fort bien que quelques mois suffiraient pour préparer et obtenir un succès certain. Bannissez alors ces craintes chimériques, et sauvez la République quand il en est temps encore. Vous ne nous croirez pas, nous le craignons, parce que l'esprit de parti vous aveugle; nous allons faire un dernier effort pour vous dessiller les yeux. En politique, il faut toujours voir les choses telles qu'elles sont, et non pas telles qu'on désire les voir, et il faut les juger froidement.

Nous allons donc vous montrer les choses telles qu'elles sont, et dissiper vos doutes et vos illusions s'il vous en reste. Nous allons vous faire assister en imagination à une scène de la comédie humaine, qui sera parfaitement jouée devant vous et à vos dépens, et par conséquent aux dépens de la République, lors des élections parlementaires de 1852.

Dans les départements qui vous ont élus en 1849, tous les électeurs qui votaient pour vous étaient convaincus que les autres départements les imiteraient et voteraient comme eux.

En 1852, au contraire, ils seront convaincus que la cause démocratique aura le dessous dans les élections générales. Une armée est bientôt en déroute quand elle doute du succès, et tout le monde abandonne bien vite une cause que l'on croit perdue.

Voici ce qui se passera sous vos yeux et ce qui arrivera : tous les propriétaires, grands et petits, qui aux dernières élections ont, dans vos départements, courbé la tête et laissé faire, par peur de la terreur rouge, seront alors vos ennemis implacables : plus ils auront eu peur, et plus ils multiplieront leurs moyens pour amener votre défaite. Il ne peut y avoir aucun doute à ce sujet pour tous ceux qui connaissent le cœur humain. Vos partisans les plus dévoués, artisans, ouvriers agricoles et vignerons, resteront cois et laisseront agir vos adversaires en pleine liberté, parce qu'ils craindront de ne plus trouver d'ouvrage dans leur pays ou d'être tracassés par le pouvoir local; ils craindront enfin la terreur blanche, et ce sera dans les campagnes une défection générale de la part de vos fidèles.

Vous conserverez peut-être toutes vos chances dans les villes et dans quelques bourgs, mais de quel poids seront leurs votes dans la lutte électorale!

Voilà, sans exagération, l'échec qui vous attend et qui attend la République dans les départements qui vous ont envoyés à l'Assemblée législative.

Toutes les chances que vous avez encore maintenant, et qui doubleront en votre faveur, si vous votez la révision de la Constitution, parce que le peuple est reconnaissant des bienfaits reçus, ces chances auront disparu, sans espoir de retour, en 1852.

Vous êtes prévenus; nous laissons à votre patriotisme le soin de dicter votre conduite politique dans cette grande question de vie ou de mort pour nos institutions républicaines; et nous espérons que vous reconnaîtrez la vérité de ces appréciations que nous faisons, après un mûr examen, de ce qui se passe autour de nous dans les départements agricoles.

Je crois que déjà les républicains avancés, qui siègent à l'Assemblée, ont la conscience de ces périls. Aussi, je serais pleinement rassuré sur l'avenir, s'il ne fallait que la simple majorité des suffrages pour trancher ce nœud gordien de la révision de la Constitution; mais à côté du drapeau de 89, qui rallie autour de lui les républicains avancés, les hommes du tiers-parti, et les conservateurs, il y a, dans l'Assemblée nationale, le drapeau de l'absolutisme et le drapeau du socialisme-communiste; il y a les légitimistes exaltés et les communistes.

Eh bien! ces hommes qui ne transigent jamais avec leurs principes, ces hommes qui se rencontreront peut-être, en 1852, sur le terrain de la guerre civile, ils s'entendront probablement ce jour-là pour repousser le vœu de la majorité par leurs votes ou par des abstentions volontaires.

Les légitimistes exaltés, mieux connus sous le nom d'ultrà-légitimistes, forment dans le pays un parti, peu nombreux à la vérité, mais très-puissant par l'influence qu'il exerce à divers degrés sur les populations rurales de l'ouest et du midi de la France, et en général sur tous ceux qui croient que la République est aussi impossible dans notre pays qu'une monarchie constitutionnelle.

La politique de ce parti consiste, quoiqu'il n'ose l'avouer hautement, à attendre que les provinces agricoles, qui lui sont hostiles, soient réduites aux abois pour les forcer en quelque sorte à venir chercher, vaincues par la lassitude, un remède à leurs maux, dans la stabilité de son dogme politique.

Les hommes de ce parti s'imaginent et croient de bonne foi que nous pouvons devenir, comme autrefois, leur chose et leur bien; ils s'imaginent que nous devons penser par eux et comme eux, et ils se disent :

Nos paysans ont la fièvre chaude depuis 1848 ; elle commence à s'apaiser, attendons qu'elle s'éteigne tout à fait ; ils crient et s'agitent encore, laissons-les crier et s'agiter ; d'ici à 1852, ils se tairont ; la misère viendra frapper à leurs portes, et ils nous reviendront dociles pour fuir cette misère qui se dressera toute hideuse devant eux.

Ce raisonnement qu'ils font est très-juste, et il pourrait amener la ruine du gouvernement républicain, si ce gouvernement n'avait pas, pour se défendre contre cette tactique, la grande voix de la presse; car cette politique exige une grande habileté, et elle ne peut réussir auprès des populations rurales que si on parvient à faire croire aux cultivateurs (et ils ne le croient déjà que trop), que la République est la véritable cause de leurs souffrances; mais elle échouerait infailliblement si on leur montrait la main qui, au nom de la République, chercherait, à dessein, à perpétuer ces souffrances, pour les exploiter au profit du despotisme.

Cette politique aurait alors un résultat tout contraire à celui qu'ils en attendraient. Au lieu de ramener les paysans sous le drapeau blanc, elle les pousserait immanquablement dans les rangs des socialistes; car nous sommes un peuple fier et inflammable; on peut bien nous séduire par de bonnes paroles et par de belles promesses (témoin les promesses de l'abolition de la conscription et des droits réunis, lors de la restauration des Bourbons); mais je ne crois pas qu'on puisse nous intimider par des menaces et nous contraindre par la violence, cette violence ne fût-elle que morale.

Aussi, je suis très-convaincu que les légitimistes exaltés échoueraient presque tous dans les élections parlementaires des départements agricoles du centre, du nord et de l'est de la France, si les électeurs pouvaient attribuer à la politique bien connue du parti ultrà-légitimiste les votes ou les abstentions volontaires de ces représentants.

Il n'y aurait d'exception à cet égard que dans les départements de l'Ouest et du Midi. Dans ces contrées, en effet, la confiance des électeurs dans leurs mandataires n'a pas de bornes, et ils souffriront sans se plaindre; ils supporteront même avec joie les sacrifices les plus coûteux et les plus douloureux, si ces sacrifices doivent amener le triomphe de leur foi politique.

Cette crainte d'un échec électoral n'influera en rien, je le sais, sur le vote des légitimistes exaltés, qui exécuteront à la lettre la manœuvre qu'ordonnera la politique inflexible de leur parti; et je crains bien que cette politique ne soit contraire à la révision de la Constitution.

Je vais leur adresser à ce sujet un conseil qu'ils n'écouteront pas assurément, car les partis ne reculent jamais devant les expédients les plus déplorables, pour amener le triomphe de leur cause.

Je leur dis de toute la force de mes convictions :

Vous avez combattu à outrance et systématiquement la politique de Louis-Philippe, et vous avez réuni vos efforts aux efforts des républicains pour renverser la monarchie de 1830.

C'était votre droit, et je m'en réjouis, si la République y a gagné en vous quelques amis de plus et des ennemis de moins, mais vous me permettrez de ne pas avoir cette confiance quand je vois se renouveler, contre le gouvernement actuel, vos attaques systématiques d'autrefois; quand je vous vois repousser, par exemple, la loi si importante sur les maires, et d'autres mesures que le pouvoir exécutif juge indispensables au maintien de l'ordre.

Prenez garde que l'espoir du succès ne vous aveugle?

Si vous avez joué à la république pour renverser l'établissement de 1830, ne jouez pas maintenant au communisme pour renverser la République. Je sais que plusieurs de vos amis politiques sont convaincus que la légitimité n'a des chances de retour en France qu'en passant à travers la République rouge, à la faveur de la guerre civile, et en foulant à ses pieds les cadavres des socialistes-communistes, et ils appellent de leurs vœux impies ces grands désastres qui doivent combler leurs espérances. Étranges espérances, folles espérances, en vérité!

Savez-vous quelle serait la première mesure politique que prendraient les socialistes-communistes, vos alliés d'aujourd'hui, s'ils arrivaient demain au pouvoir? Je vais vous le dire en quelques lignes, que je vous prie de peser longuement et mûrement : elles dissiperont bien des illusions. Et tant mieux! car en vous le disant je vais secouer brusquement tous ceux qui s'endorment dans une fausse sécurité.

Je suppose que les socialistes-communistes puissent, à l'aide de la dictature, conserver le pouvoir pendant trois mois; car leurs divisions n'éclateront assurément que quand ils auront vaincu la vieille société, comme ils disent. Eh bien! cet espace de temps leur suffira pour dépecer toutes vos propriétés et les donner en portions, plus ou moins égales, à vos paysans, qui les accepteront avec la plus grande et la plus entière reconnaissance. Puis ils leur mettront un fusil dans la main en leur disant : Si vous voulez conserver ce terrain que la République vous donne aujourd'hui, défendez-le contre tous; il est bien à vous, de par la République. Je sais, d'avance, votre réponse à ma supposition, que vous croyez absurde et impossible.

Vous croyez que la République rouge n'aurait pas le temps d'achever son œuvre de destruction? Il me semble donc vous voir sourire et hausser les épaules en me lisant. Je sais aussi que vous êtes convaincus que, le communisme battu et détruit (et il le serait bientôt assurément), vous rentreriez tout de suite en possession de vos terres et de vos châteaux. Si vous connaissiez comme moi la passion effrénée des paysans pour la terre, passion qui leur fait endurer, pendant de longues années, les privations les plus rudes jusqu'à ce qu'ils l'aient satisfaite, vous ne ririez pas, je vous l'assure.

Êtes-vous certains, au surplus, que le dictateur qui surgirait et s'élèverait sur les ruines du communisme ne voudrait pas se perpétuer au pouvoir?

S'il veut s'y perpétuer, ou s'il veut fonder une dynastie, il se gardera bien de mécontenter les populations, et il ne reprendra pas leurs terres aux nouveaux possesseurs pour vous les rendre, si vous devez être les ennemis naturels de son pouvoir. Cela est clair comme la lumière du soleil. Que si la raison et l'équité (s'il n'est pas ambitieux) lui conseillaient de le faire, le pourrait-il? la politique ne l'en détournerait-elle pas à l'instant même ?

Il est évident que, la Russie poussant l'Europe tout entière sur nos frontières pour museler la révolution, la révolution dirait au dictateur : Marche et défends-moi! Comme nos pères, devenus possesseurs des terres et des châteaux de vos pères, ont dit à la Convention :

Marche et défends-nous !

Si nos pères, pour conserver les propriétés qu'ils venaient d'acquérir, ont pu faire marcher pendant vingt-cinq ans des armées nombreuses de prolétaires, au nom de la liberté et de la gloire, qu'ils leur donnaient en échange ; s'ils ont soutenu cette lutte héroïque, dont ils sont sortis vainqueurs (car on n'a pas osé leur reprendre leurs terres en 1814), quand ils étaient à peine cent mille hommes intéressés dans cette question capitale, vous figurez-vous ce que serait la lutte de ces millions d'hommes, devenus propriétaires et s'élançant le fusil à la main pour la défense du champ qu'ils viendraient de cultiver et d'ensemencer?

Quelles armées pourraient les vaincre !

Allez! Messieurs, ne jouez point avec le feu, si vous

ne voulez pas qu'il vous dévore, et rappelez-vous les dangers passés; ne soyez pas ingrats, et serrez-vous autour du pouvoir exécutif pour le défendre au lieu de le railler et de l'attaquer sans cesse comme vous le faites, et votez la révision de la Constitution quand cette importante question s'agitera devant vous!

Vous fortifierez ainsi la digue qui contient à grand'-peine le flot démagogique; et souvenez-vous que si vous continuez de la démolir pierre par pierre, comme vous le faites chaque jour, elle s'entr'ouvrira bientôt pour vous engloutir tous, malgré les efforts que fait le président de la République pour vous sauver de ce grand naufrage.

Le ciel m'est témoin que je ne veux pas semer les alarmes avec l'intention d'effrayer les esprits timides; mon intention est, au contraire, d'inviter les monarchistes et les ultrà-légitimistes à conserver une grande prudence dans leur conduite et à se raviser à temps, s'ils ne veulent pas devenir les premières victimes d'une politique aussi insensée que calamiteuse pour le pays. Je les invite, au surplus, à lire, s'ils ne l'ont déjà fait, les lignes suivantes, tracées par un écrivain distingué, que sa position officielle a mis au courant, sur les secrets des socialistes-communistes[1].

« Tout, en ce moment, indique l'approche de cette « grande calamité, qu'on appelle la guerre civile. Il « y a pour le marin de ces nuages noirs flottant à

1. M. Romieu; *l'Ère des César*, pages 150, 151, 152.

« l'horizon qui annoncent sûrement la tempête. L'air « est lourd et sans souffle ; l'eau dort tristement sous « le navire, dont les voiles s'affaissent à mesure que « l'ombre s'étend..... Tenez-vous prêts, l'ouragan « éclate ! Notre repos est celui-là. Je ne sais rien de « plus menaçant que ce calme. L'ajournement à heure « fixe des colères plébéiennes ; la discipline dans ces « fureurs contenues ; la patience au sein des plus vio- « lentes rancunes qui se soient amoncelées jamais « dans les cœurs ; tout cela compose un ensemble de « symptômes sinistres, dont nulle époque n'avait « encore épouvanté l'avenir. C'est une marche nou- « velle des vieux ressentiments du faible, du pauvre, « du paresseux, du ruiné, du flétri, de l'égaré. C'est « la tactique introduite dans ces corps francs, qui, « au milieu de tous les troubles, se sont rués sans « chefs sur le domaine, sur le champ, sur la famille, « et qui reconnaissent aujourd'hui pour eux-mêmes « le souverain pouvoir de l'organisation. Rien de « pareil ne s'était vu, et je m'étonne que si peu de « gens l'aperçoivent.

« A mes yeux, c'est le fait dominant de la révolu- « tion de Février ; c'est ce qui la distinguera de toutes « les autres. La foule abdique désormais ses tumultes « et ses cris ; elle a compris qu'ils étaient inutiles. « Elle s'accoutume à obéir dans le cercle des lois « qu'elle adopte, c'est-à-dire à la volonté directrice « de ceux qui lui présagent les destinées

« Vous retournez dans le cercle éternel des choses

« humaines. Vous retrouvez au XIXe siècle la patiente « marche des Hébreux gagnant la terre promise. Du « haut du nouveau Sinaï, des sophistes indiquent la « route, et leur parole est la colonne de feu. Il y a au « fond de cette multitude immense une sorte de foi « féroce à la jouissance prochaine des biens matériels, « qui peut se comparer par son ardeur au religieux « sentiment du peuple qui suivait Moïse. Au jour où « l'on croira voir Canaan, ce sera un formidable cri. « La société n'aura pas trop de toutes ses forces, et « j'entends par ses forces les diverses armées. »

Est-ce assez clair! et n'avez-vous pas en face de vous, et tout autour de vous, des hommes d'action, qui ne connaissent d'autre politique que celle de la violence, et celle des *moyens révolutionnaires*.

Après tout, c'est votre affaire, et quoi qu'il arrive, je crois faire acte de bon citoyen en disant ce que je prévois, quoique je sache d'avance que je ne serai pas écouté. Passons maintenan au drapeau rouge.

Si les ultrà-légitimistes repoussent la révision de la Constitution, parce qu'ils croiront avoir plus de chances de réussite dans les élections parlementaires de 1852, les socialistes-communistes la repousseront également, parce qu'ils voudront attendre ces élections. Elles sont, en effet, si rapprochées l'une de l'autre qu'elles livreront le pays à une agitation extraordinaire, agitation dont ils sauront profiter habilement, en exploitant à leur profit les conséquences désastreuses de la crise commerciale qui se manfestera dès les premiers jours de 1852.

Ils savent aussi qu'en votant cette révision, la moitié des leurs resterait sur le champ de bataille d'une élection de constituants, faite sous les auspices de la loi Fouquier-d'Hérouël et de la loi du 31 mai 1850.

Ils se garderont bien de courir cette chance, et d'abandonner à leurs adversaires politiques le terrain de l'élection. Il est donc très-probable qu'ils attendront en haut de leur montagne pour voir venir 1852, et ils se mettront d'accord, sur cette question, avec les légitimistes, parce que ceux-ci croiront augmenter le nombre de leurs partisans en 1852, en faisant détester de plus en plus par les populations agricoles la Constitution et la forme républicaine, et les autres parce qu'ils espèrent rencontrer d'ici là une occasion favorable pour escalader le pouvoir.

Ainsi, plus je réfléchis, et plus je demeure convaincu que les partis socialite, légitimiste et ultrà-légitimiste repousseront la révision de la Constitution, pour attendre les événements qui peuvent favoriser leurs prétentions réciproques, et que l'exécution textuelle de l'art. 111 sera impossible, à cause des abstentions nombreuses qui auront lieu quand, en juin 1851, cette grande question sera soulevée.

Mais si ces partis repoussent cette révision, j'ai la conviction profonde que le grand parti de l'ordre, connaissant la volonté bien arrêtée du pays à ce sujet, et la situation douloureuse dont il veut sortir à tout prix, ordonnera cette révision pour assurer la tranquillité, ramener la confiance, et avec la confiance doubler le travail, en doublant le mouvement des affaires commerciales.

Le parti de l'ordre sera-t-il assez nombreux pour nous donner ces résultats si désirés? Je crains bien que non, si on exécute fidèlement et textuellement l'article 111; mais je crois qu'il sera assez fort pour donner à la proposition de révision la simple majorité des suffrages. Or, l'Assemblée nationale ne pourrait-elle pas, sans qu'on l'accuse pour cela de vouloir faire un coup d'État parlementaire, consulter les électeurs sur cette importante question? Ne pourrait-elle pas les convoquer dans leurs comices électoraux, pour leur demander la promulgation de ce vœu, qu'elle viendrait de manifester par son vote?

Le peuple n'est-il pas le seul souverain et le juge suprême devant les décisions duquel nous devons tous nous incliner? Et s'il est vrai que la Constitution actuelle n'a pas été soumise à sa ratification, est-ce à dire qu'on doive escamoter sa souveraineté, qui sera toujours, quoi qu'on dise et quoi qu'on fasse, au-dessus de tous les gouvernements et de toutes les constitutions?

Je ne sais si cette solution que j'indique serait une violation de l'esprit de la Constitution dont la nation serait appelée à rectifier la lettre. Ce que je sais, c'est qu'elle éviterait au pays les calamités effroyables d'une guerre civile imminente ; ce que je sais, c'est qu'il y a plus de véritable patriotisme à conseiller cette illégalité et à la commettre, si tant est qu'elle existe, qu'à laisser périr la patrie sous les nécessités désastreuses d'une légalité qui la tue.

L'Assemblée législative appréciera dans sa sagesse l'efficacité et l'opportunité de cette mesure politique, qui lui sera probablement soumise lors de la discussion de la révision. Si l'Assemblée nationale repousse cette révision, et l'appel au peuple qu'on lui conseillera de faire pour résoudre cette question, dans le cas où elle ne parviendrait pas à le faire elle-même, on peut deviner les conséquences désastreuses qu'entraînerait pour le pays une pareille politique.

Les populations agricoles seront courroucées de voir se prolonger leurs souffrances jusqu'en 1852; les bonapartistes, beaucoup plus nombreux dans nos provinces qu'on ne le pense à Paris, exploiteront habilement et avec profit cette grande colère, et ils feront une propagande fort active pour grossir le nombre de leurs partisans. Cette propagande sera d'autant plus active, qu'elle sera parfaitement légale et qu'elle se fera à ciel ouvert.

En effet, si quelques bonapartistes rêvent encore l'empire, la plupart d'entre eux professent pour nos institutions républicaines le même dévouement que pour Louis-Napoléon. Ils sont convaincus que la République, à cause de ses agitations et de ses périls incessants, et pressée comme elle l'est par les grands

États monarchiques de l'Europe, ne peut vivre qu'à l'ombre du grand nom de Napoléon; et le bon sens politique leur démontre clairement, que si la patrie était menacée de l'invasion d'une nouvelle Sainte-Alliance, ce nom magique pousserait comme par enchantement sur nos frontières du Nord et de l'Est, toutes les populations de nos provinces, électrisées par les souvenirs glorieux de l'Empire.

Fasse le ciel que l'avenir ne leur donne pas raison en 1852, au milieu de la crise effroyable dans laquelle se débattra le pays à cette époque!

Qui sait, en effet, si le conflit qui s'agite en Allemagne est aussi sérieux au fond qu'il le paraît à la surface? Qui sait si ce débat ne sert pas de prétexte aux armements formidables des puissances du Nord et de tous les États allemands?

Qui peut pénétrer le machiavélisme des politiques russe et autrichienne? Et qui ne sait que la politique de la Russie, tracée tout entière dans le fameux testament de Pierre Ier, poursuivra toujours avec patience et persévérance son but ambitieux, qui est l'asservissement de l'Occident?

Au milieu de tous ces mystères de la diplomatie, ce qui est vrai pour nous (que l'Assemblée nationale ne l'oublie pas un seul instant), c'est que les chefs de toutes ces puissances ne nous pardonneront jamais de les avoir fait trembler sur leurs trônes en 1848; ce qui est vrai, c'est qu'ils ont les yeux constamment fixés sur nous, et qu'ils attendent l'arme au poing et sous différents prétextes, que nous leur prêtions le flanc par nos discordes civiles, pour se ruer sur nos frontières.

Le parti bonapartiste a donc, et je le crois fermement, la conscience de ces immenses périls, et il s'attend à soutenir, bientôt peut-être, une lutte de géants, pour conserver la conquête de nos libertés ; il a la conscience que le nom de Napoléon sera le talisman qui l'aidera à sortir victorieux de cette lutte acharnée, et il emploiera toute son énergie et toute son influence dans nos campagnes, pour y faire adopter ses convictions et partager ses craintes de l'avenir. Qui pourrait l'en blâmer? Ce n'est pas nous, assurément: mais il se trouvera des hommes et des journaux qui dénatureront ces efforts patriotiques, et qui les attribueront à une ambition impatiente. On verra se renouveler les attaques furibondes des partis, qu'on a remarquées naguère à l'occasion des revues de la plaine Satory. Ces attaques systématiques augmenteront l'inquiétude du pays, les transactions commerciales s'arrêteront tout à coup, et le mouvement des affaires se trouvera encore paralysé.

La manifestation que nous avons vue se produire contre la Constituante, après l'élection du 10 décembre, quand elle refusait de résigner son mandat, se renouvellera alors, et le pays, guidé cette fois par tous les commerçants et par les agriculteurs, qui ne veulent pas être dupes des passions des partis, pourrait bien signifier encore une fois sa volonté à ses mandataires, en leur demandant, par un déluge de pétitions, la prorogation des pouvoirs présidentiels.

Je dis que les commerçants et les agriculteurs aideront et protégeront ce grand mouvement des esprits, parce qu'ils craindront aussi que les bonapartistes ne fassent une alliance intime avec les républicains avancés, et même avec les républicains socialistes, malgré le peu de fondement qu'aurait une pareille crainte.

L'Assemblée nationale fera-t-elle droit à toutes ces pétitions et les prendra-t-elle en considération? Je n'en sais rien; mais, à coup sûr, si elle recule devant la responsabilité d'un coup d'État parlementaire pour satisfaire la volonté du peuple, celui-ci fera lui-même ce coup d'État quand viendra le jour de l'élection présidentielle.

Malgré les prescriptions formelles de la Constitution, et peut-être à cause de ces prescriptions, le peuple réélira Louis-Napoléon en 1852, parce que cette réélection, votée par la souveraineté nationale, déchirera en lambeaux la Constitution actuelle, dont il ne veut pas; et tenez pour certain qu'il ne laissera pas échapper cette chance de salut.

Que fera, dans ce cas, l'Assemblée nationale? Annulera-t-elle l'élection, et si elle le voulait, le pourrait-elle? Parce que la politique aurait manqué de prudence en 1851, deviendrait-elle téméraire en

1852 et ne craindrait-elle pas, au milieu de la surexcitation générale des esprits causée par les élections, d'allumer un incendie dont les suites pourraient être la ruine et l'asservissement de la patrie ?

L'avenir répondra à toutes ces questions ; il nous dira bientôt si la révision de la Constitution ou si la prolongation des pouvoirs présidentiels seront votées par l'Assemblée législative ; il nous dira ensuite, dans le cas où l'Assemblée voudrait conserver le *statu quo*, si les populations agricoles devront attribuer leurs souffrances et leurs alarmes, pour l'avenir, à la République ou à la conduite politique de quelques hommes qui voudraient pouvoir nous gouverner avec l'arsenal des vieilles lois du moyen âge ; il nous dira alors si ces populations seront légitimistes, bonapartistes ou socialistes.

Pour nous, si en 1851 nous n'avons ni la révision de la Constitution, ni la prorogation des pouvoirs du président, et si en 1852 nous devons assister à la guerre civile et être le témoin de l'établissement du despotisme théocratique, nous fuirons les intrigues politiques et nous nous envelopperons dans notre manteau ; mais nous placerons notre confiance et notre espoir dans le temps et dans les wagons, ces clubs permanents qu'on ne pourra jamais interdire et qui instruisent mieux les peuples sur leurs véritables intérêts politiques que la presse avec tous ses journaux.

FIN.

www.ingramcontent.com/pod-product-compliance
Ingram Content Group UK Ltd.
Pitfield, Milton Keynes, MK11 3LW, UK
UKHW031956260826
14628UKWH00005B/2095